PAIDEIA
ÉDUCATION

MIXTE
Papier issu de sources responsables
Paper from responsible sources
FSC® C105338

RABELAIS

Pantagruel

Analyse littéraire

© Paideia éducation.

22 rue Gabrielle Josserand - 93500 Pantin.

ISBN 978-2-75930-419-6

Dépôt légal : Septembre 2023

Impression Books on Demand GmbH

In de Tarpen 42

22848 Norderstedt, Allemagne

SOMMAIRE

- Biographie de François Rabelais 9

- Présentation de *Pantagruel* 15

- Résumé du livre 19

- Les raisons du succès 27

- Les thèmes principaux 31

- Étude du mouvement littéraire 39

- Dans la même collection 45

BIOGRAPHIE DE FRANÇOIS RABELAIS

François Rabelais naît en 1483 ou 1494 selon les critiques, entre Poitiers et Tours, sur la Vienne, près de Chinon. Son père est avocat et propriétaire. Il destine son fils à être moine. À l'âge de quinze ans, il reçoit une éducation de clerc et devient novice dans l'ordre franciscain, sévère et peu favorable au travail intellectuel. Rabelais devient moine à Fontenay-le-Comte, capitale du bas Poitou en 1520. C'est là qu'il rencontre de jeunes érudits de province, et qu'il commence à participer à l'émulation intellectuelle de cette époque. Il forme avec ses amis un cercle intellectuel consacré à la discussion, à la lecture, souvent même à la traduction de textes antiques. Ces jeunes gens dont fait partie Rabelais n'admettent plus la théologie passée, et refusent la pensée médiévale toujours tournée vers Dieu et le mépris de la terre. Ils centrent leur attention sur l'homme et la nature, cherchent à découvrir les lois physiques qui les gouvernent. C'est la naissance de l'esprit scientifique : Galilée explore l'univers, Christophe Colomb part à la découverte des continents, les expériences médicales deviennent de plus en plus nombreuses et novatrices. À la fin du XVe siècle, l'invention de l'imprimerie par Gutenberg contribue beaucoup à l'expansion de l'esprit humaniste à travers la diffusion des livres. Aux alentours de 1525, Rabelais apprend le latin classique et le grec avec ses amis. Il s'initie également à la littérature de la renaissance italienne. Il découvre le droit romain investi de commentaires médiévaux, la science antique dans des ouvrages de médecins grecs et de naturalistes latins. Le supérieur de son couvent s'inquiète de ce foisonnement intellectuel ; il ordonne alors la dissolution de son cercle d'amis et lui confisque ses livres. Rabelais obtient de passer dans un ordre plus tolérant, les bénédictins, et de faire des séjours entre Poitiers et Paris.

En 1530 il abandonne l'habit monastique et part étudier la médecine à Paris et à Montpellier. Bachelier, il devient médecin de l'hôpital de Pont-du-Rhône à Lyon, en 1532. Il publie les traités de médecins de l'Antiquité, procède à une des premières dissections en publique et devient dès lors un praticien renommé. Sa curiosité est insatiable. Il correspond avec de très célèbres humanistes comme Erasme qu'il admire énormément et Guillaume Budé, et cultive les belles lettres.

L'œuvre littéraire de Rabelais se concentre autour de l'histoire d'un « grand et énorme géant » : *Pantagruel*, roi des Dipsodes. L'ouvrages est signé « Maistre Alcofribas Nasier », anagramme de François Rabelais. Rabelais répondra à la censure de son œuvre deux ans plus tard en publiant l'histoire de *Gargantua*, le père de Pantagruel, qui sera également condamné par la Sorbonne.

En France, le roi François Ier voit longtemps d'un œil bienveillant le mouvement renaissant et réformateur. Mais il est peu à peu amené à soutenir l'Église officielle ; lorsque des protestants placardent des affiches de propagande jusque dans la chambre royale, il se fâche. C'est l'affaire dite des « placards » après laquelle les protestants doivent s'enfuir en 1534. Par prudence, Rabelais quitte Lyon et cesse d'écrire momentanément. Il obtient la protection du Cardinal Jean Du Bellay, oncle du poète, et la suit à Rome comme secrétaire et médecin. Puis il revient en France. Nanti par son professeur d'une charge de chanoine dans son abbaye bénédictine, il voyage entre la France (Narbonne, Lyon) et l'Italie (Turin). Il est ensuite nommé « maître des requêtes du roi ». Il avait restauré son crédit après onze années de silence et de pérégrinations.

À partir de cette époque les conditions de sa vie sont moins précises. Après la publication du *Tiers Livre*, lui aussi condamné, Rabelais doit se réfugier à Metz. Le nouveau roi de France, Henri II, lui accorde un bénéfice ecclésiastique important, la cure de Meudon. Il fait paraître le *Quart Livre*, antipapiste et antireligieux, puis s'en prend avec une égale vigueur à l'Église romaine et aux protestants, les « démoniacles Calvin et autres imposteurs de Genève ». La Sorbonne sévit et Rabelais est, dit-on, jeté en prison. Un an plus tard, en 1553, Rabelais meurt à Paris. On ignore s'il faut lui attribuer la suite du *Quart Livre* appelé le *Cinquième Livre* paru onze ans après sa mort.

PRÉSENTATION DE PANTAGRUEL

Chez les libraires de Lyon, dans les années 1530, un homme de lettres peut se procurer des éditions savantes de traités de médecine (Hippocrate, Galien) et de droit (Cuspidius). Ces ouvrages sont de la main de François Rabelais, médecin déjà bien connu. Mais à la même période, les lecteurs peuvent se distraire à la lecture d'un roman burlesque récent : *Pantagruel. Les horribles et épouvantables faits et prouesses du très renommé Pantagruel, roi des Dipsodes, fils du grand géant Gargantua, composés nouvellement par Maître Alcofribas Nasier*. Ce roman remporte un succès immédiat mais ne suscite auprès des érudits qu'étonnement ou mépris. L'incompréhension domine tandis que certains comme le poète Hugues Salel y voient une épopée comique qui sait mêler « profit avec douceur ». *Pantagruel* est le premier roman d'un homme aux intérêts si variés : moine, astrologue, botaniste, ou encore médecin. Chronologiquement, les *Horribles et Épouvantables Faits et Prouesses du très renommé Pantagruel* parurent en 1532, deux ans avant la *Vie inestimable du grand Gargantua, père de Pantagruel.*

L'œuvre, sous les dehors d'une grosse farce, attaque les institutions universitaires et juridiques. La Sorbonne, où étaient réunis tous les érudits traditionalistes, censure l'œuvre. À ces condamnations officielles s'ajoutent des difficultés plus graves. À cette époque, jeunes humanistes et réformateurs sympathisent. Dans un même désir de renouvellement, les deux groupes tentent de modifier en même temps une culture et une religion vieillies en revenant aux sources de l'Antiquité et à la lecture de la Bible.

RÉSUMÉ DU LIVRE

Dizain d'introduction

Rabelais adresse un dizain de « Maître Hugues Salel » qui, nous dit la note, est un poète français qui traduit Homère et mort en 1533. Il préconise le rire et la joie pour la lecture en faisant allusion à Démocrite « Riant ».

« Prologue de l'auteur »

Le narrateur vend son récit et s'adresse aux lecteurs sous le ton d'un sermon. Il fait des allusions à la Bible, il apostrophe : « Très illustres et très chevaleresques champions, gentilshommes et autres. » Il affirme également la parenté de *Pantagruel* avec *Gargantua*. Le ton est familier, complice et comique.

Chapitres I à III : Généalogie et naissance de Pantagruel

Le narrateur remonte aux origines antiques, grecques et latines : « Car je vois que tous les bons historiographes ont ainsi organisé leurs chroniques, non seulement les Grecs, Arabes et païens, mais aussi les auteurs de l'Écriture Sainte » ; il remonte aux origines bibliques avec la mention d'Abel qui « [a] été tué par son frère Caïn. » Suit une longue liste de naissances : « Et par eux Pantagruel/ Et le premier fut Chalbroth,/ qui engendra Sarabroth, […] » qui rappelle dans l'ordre chronologique tous les liens de parenté de Pantagruel.

Pantagruel, fils de Gargantua et de Badebec, est « si grand et si lourd » qu'en venant au monde dans une période de sécheresse il provoque la mort de sa mère.

Gargantua se demande s'il doit pleurer la mort de sa femme ou rire de la naissance de son fils. Il écrit alors une épitaphe pour sa femme Badebec : « Ci-gît son corps, où elle vécut sans vice. »

Chapitres IV à V : L'enfance de Pantagruel

Pantagruel fait preuve d'une force extraordinaire : il boit le lait de quatre-mille-six-cent vaches, il se détache facilement du berceau dans lequel il est attaché pour aller soulever une vache, ou lorsque les chaines pour le lier à son berceau sont trop solides, il renverse son berceau sur son dos et le porte tout en marchant.

Sa période d'apprentissage commence. Il fait le tour des universités de provinces : Poitiers, Montpellier, Nîmes, Avignon. Il est placé sous la tutelle du pédagogue Épistémon qui l'envoie ensuite à Bourges où il reste longtemps apprendre droit : « Les recueils de lois lui semblaient une belle robe d'or. » Puis il se rend à Orléans où il apprend le jeu de paumes et la pratique de la danse avec des écoliers.

Chapitres VI à IX : Pantagruel continue sa formation à Paris

Sur le chemin pour Paris, il rencontre un écolier « limousin » de retour de Paris. Pantagruel l'accuse de « forge[r] ici quelque langage diabolique » en parlant un latin qu'il déforme. Son serviteur suggère que « ce galant veut imiter la langue des parisiens ». L'écolier prétend être un érudit mais passe pour un mauvais élève.

Pantagruel consulte une très grande liste de livres à Paris, à la « bibliothèque de l'abbaye de Saint Victor ».

Il reçoit une lettre de son père Gargantua tandis qu'il est encore à Paris pour parfaire ses études (chap. IX). Son père l'exhorte à prendre ses études avec beaucoup plus de sérieux. Gargantua glorifie les mérites d'une formation humaniste, et loue les qualités de l'enseignement que lui-même a reçu par la passé. Il lui confie un programme à suivre : les arts libéraux (géométrie, arithmétique, etc.), le droit civil et les sciences humaines (les langues anciennes, l'histoire, la religion avec les Saintes Écritures). Pantagruel déborde de motivation après sa lecture : « Prit un nouveau courage et fut enflammé. »

Puis Pantagruel rencontre Panurge lors d'une promenade hors de la ville, à l'abbaye de Saint Antoine. Pantagruel le prend pour un pauvre. Panurge parle d'abord une langue étrangère que Pantagruel ne comprend pas, puis il parle français. Il parle plusieurs langues étrangères, germaniques et latines. Panurge agit par jeu et se présente enfin en français de sorte que Pantagruel le comprend. Pantagruel l'aime beaucoup et ils vont se lier d'amitié.

Chapitres X à XIII : L'affaire « Baisecul et Humevesne »

Pantagruel, reconnu et admiré, est convoqué comme juge d'un différend qui oppose deux seigneurs : Baisecul qui est le plaignant et Humevesnes, « défendeur ». C'est l'occasion pour Pantagruel de mettre en pratique ses connaissances en droit.

Le seigneur Baisecul plaide devant Pantagruel sans avocat. Il évoque les faits qui concernent sa requête.

Le seigneur Humevesne en fait de même devant Pantagruel (chap. XII), qui orchestre les répliques et agit en intermédiaire : « Mon ami, voulez-vous dire encore quelque chose ? »

Pantagruel rempli son rôle de juge en prononçant la « sentence ». Il demande l'avis des conseillers, puis il statue sur la requête absurde en laissant de côté les lois trop compliquées et prononce l'arrêt des plaintes des deux parties. Les conseillers sont admiratifs de Pantagruel qui a réussi à satisfaire les deux partis opposés.

Chapitres XIV à XXII : Les aventures et exploits de Panurge

Panurge raconte à Pantagruel comment il a survécu aux Turcs. Il se présente comme un homme intelligent et brave qui a pris la fuite.

Pantagruel s'intéresse aux récits épiques afin de se former aux combats militaires et aux conflits. Panurge lui raconte alors qu'il a participé à la construction de nouvelles murailles de Paris (chap. XV). Panurge a recours aux femmes pour faire ses affaires.

Le narrateur présente Panurge : sa stature, ses vêtements, son caractère. Le narrateur confie qu'il est sujet à une maladie « qu'on appelait en ce temps-là : Faute d'argent c'est douleur non pareille ». Panurge pour remédier à cela part toujours à la recherche d'argent. Panurge fait preuve d'intelligence et de séduction auprès des femmes de condition.

Le narrateur discute avec Panurge qui lui raconte ses mésaventures avec des femmes et les procès auxquels il a dû comparaître à Paris. Il obtient le pardon « des vieilles ».

Un clerc d'Angleterre, Thaumaste, défie Pantagruel et lui propose une controverse publique sans recours à la parole mais aux signes (chap. XVIII). Panurge vient prendre sa défense.

La joute est emportée par Panurge qui se révèle excellent orateur. Pantagruel reçoit une leçon de rhétorique par son ami (chap. XIX).

L'anglais dresse l'éloge des deux amis et les invite tous à boire (chap. XX).

Panurge se venge ensuite d'une femme dont il est amoureux (chap. XXI et XXII). La dame ne lui accorde aucune faveur. Panurge lance alors une meute de « plus de six cents mille quatorze chiens autour d'elle ». La « haute dame de Paris » est ridiculisée.

Chapitres XXIII à XXIX : Les exploits guerriers de Pantagruel

Pantagruel apprend alors que son père Gargantua a été enlevé par la fée Morgane. Le peuple voisin, les Dipsodes (les Assoiffés), en ont profité pour envahir Utopie et assiéger le pays des Amaurotes. Pantagruel décide de retourner chez lui pour défendre son pays.

Il reçoit une lettre d'amour d'une femme qui lui est inconnue mais qui serait de Paris (chap. XXIV). Il s'embarque tout de même à Honfleur, avec ses compagnons et prend la mer sur des nefs.

Ses compagnons « Panurge, Carpalim, Eusthénès, Épistémon » se battent aux côtés de Pantagruel et emportent la victoire sur six-cent-soixante chevaliers (chap. XXV). Pantagruel part chasser avec ses compagnons des géants qui ont pour chef Loup Garou, des Amazones, des normandes, des allemandes, et bien d'autres ennemis encore. Ils boivent du vin synonyme de force et de vie. Ils sont victorieux et Pantagruel érige un trophée aux soldats ainsi qu'une « inscription de victoire ». Sur ce même modèle, Panurge célèbre la victoire en mémoire des « levrauts » avec la peau ou les oreilles suspendues comme ornements. Les pets de Pantagruel engendrent des hommes, et ses « vesses » engendrent des femmes. Panurge rompt un bâton sur deux verres pour signaler leur prochaine victoire (chap. XXVII). Une fois sur ses terres, Pantagruel remporte ses premières victoires (chap. XXVIII). Pantagruel ordonne à Carpalim de mettre le feu aux armes (canons, poudres) puis après avoir tant bu avec

Panurge, il noie le camp sous son urine. Les habitants pensent au déluge.

Il doit affronter en combat singulier le géant Loup Garou qui commande « trois cents géants » qui tentent de fuir la noyade en emportant leur roi, Anarche. Mais Panurge les arrête en prévenant Pantagruel. Pantagruel se compare à Hercule et Panurge surenchérit en affirmant qu'il est bien meilleur encore qu'Hercule. Avant d'engager le combat Pantagruel prie Dieu.

Chapitres XXX à XXXIV : Guérison et conclusion

Panurge ressuscite Épistémon, qui est pourtant décapité, avec « un peu d'un onguent ». Suivent de longues listes de héros morts, ou d'historiens, « diables et damnés ». Pantagruel laisse le roi Anarche aux soins de Panurge, très content : « Grand merci […] le présent n'est de refus. » (chap. XXX)

Pantagruel fait annoncer aux Amaurotes que le roi Anarche a été fait prisonnier et que tous leurs ennemis sont tombés. Panurge place le roi Anarche dans un métier : « Crieur de sauce verte. » Panurge le marie avec une « vieille lanternière » (une prostituée) qui « le bat comme plâtre » (chap. XXXI).

Pantagruel protège les soldats de la pluie avec sa langue. Le narrateur se retrouve dans la bouche de Pantagruel (chap. XXXII).

Pantagruel tombe malade. Une série de médecins le visite. Les méthodes sont toutes fantaisistes mais finissent par être efficaces (chap. XXXIII).

Le narrateur se plaint d'un mal de tête et conclue donc son récit. Il s'excuse du temps qu'il a fait perdre à ses lecteurs, mais annonce une suite : « Vous verrez comment Panurge fut marié, et cocu dès le premier mois de ses noces, et comment Pantagruel trouva la pierre philosophale. » (chap. XXXIV)

LES RAISONS
DU SUCCÈS

Pantagruel est souvent considéré comme un roman de « verve », écrit à la hâte, par un écrivain débutant et occupé ailleurs par de multiples tâches, désireux de gagner de l'argent par un produit de littérature de foire. Dans *Pantagruel* en effet le récit est interrompu par des intermèdes plus ou moins liés au contexte : par exemple la lettre de Gargantua sur l'éducation, ou le déchiffrement de la missive de la « dame de Paris », les trophées érigés par Pantagruel et Panurge en l'honneur des vainqueurs et des « levrauts » ou encore le voyage d'Alcofribas dans la bouche du géant. La disproportion de la trop grande place qu'occupe Panurge, personnage secondaire, par rapport à Pantagruel, héros du roman, paraît suspicieuse aux lecteurs qui doutent de la qualité de romancier de Rabelais. Enfin, le roman se clôt sur un narrateur qui se moque de ses lecteurs qui ont perdu leur temps, plutôt que sur une idée ou un principe comme c'est le cas dans le Gargantua. Néanmoins, le propos de *Pantagruel* est différent de celui du *Gargantua*. *Pantagruel* traite de stratagème, d'habileté. Mais la réception de ce roman souffre de son ton comique qui s'élargit jusqu'aux obscénités. La réputation du roman est ternie du fait de son ironie et de son double sens.

Pantagruel se fait aussi l'écho des bouleversements que subit la langue française à cette époque (diffusion par l'imprimerie, les règles syntaxiques changent, l'orthographe commence seulement à se fixer). Certains mots apparaissent : badaud, cabale, bocal, génie, tergiverser, utopie, génie. Le roman offre un exemple précoce de l'application systématique des règles de ponctuation et d'orthographe en conformité aux traités de l'époque. Rabelais introduit l'apostrophe et le tréma par exemple. L'auteur invite à une réflexion linguistique qui n'apparaît qu'à un public averti. Rabelais se pose alors comme grammairien et exploite le langage comme matière de création.

L'œuvre de Rabelais est également engagée dans son époque. On ne peut la comprendre si l'on ne tient pas compte qu'elle s'est faite d'une part en réaction contre le Moyen-Âge et d'autre part avec le dessein de proposer un « programme culturel » comprenant tous les domaines d'activité humaine : l'éducation et l'instruction, la justice, la guerre, le gouvernement. L'éducation médiévale reposait avant tout sur la mémoire ; Rabelais la ridiculise en montrant son héros devenu fou « tout rêveur et radoteur » après avoir dû apprendre par cœur, à l'endroit et à l'envers, des chapitres entiers de commentaires philosophiques. Il oppose à ce système son propre idéal : le jeune homme est instruit par la pratique, apprend le nom des choses en mangeant, cultive son corps par de nombreux exercices et apprend à raisonner pour devenir indépendant et autant que possible maître de lui-même. La justice médiévale est soumise à la même critique ; Rabelais moque le langage ampoulé et creux. Il en est de même pour l'Église, dont il tourne en dérision l'organisation hiérarchique et son chef, le pape. Il rejette toute la culture médiévale à travers la violence du rire et de la joie de vivre de ses personnages. Rabelais se moque d'une littérature qui s'appuie sur des textes anciens qui font autorité, il singe alors cette méthode qui, poussée dans ses extrémités, devient ridicule. Il multiplie les citations et les références et en donne même de fausses. Si bien que toute son œuvre devient une incitation au rire. Les énumérations insensées et tous les procédés comiques participent de rendre la langue médiévale bouffonne et fragile. Son rire combatif plaît.

LES THÈMES
PRINCIPAUX

Pantagruel est un mélange déroutant de sérieux et de farce. Le roman développe le thème de l'ambiguïté. La prière de Pantagruel par exemple coexiste avec les obscénités de Panurge sur la façon de bâtir les murailles de Paris. Le mélange des genres est rendu explicite par le recours à la poésie dans le roman : l'épitaphe de Badebec, le blason des étudiants d'Orléans, le rondeau de Panurge, l'« inscription de la victoire ». Le style épistolaire est traité lui aussi (une lettre de Gargantua occupe tout un chapitre). Le récit est ralenti par les digressions et les accumulations : la liste des origines de Pantagruel, le catalogue de la bibliothèque de l'abbaye de Saint-Victor, les langues de Panurge, les plaidoiries ou encore les méfaits de Panurge. *Pantagruel* traite également plusieurs genres narratifs : le roman épique, le roman chevaleresque (proche du roman d'apprentissage), ou encore l'hagiographie (ou roman biographique). Le binôme Pantagruel-Panurge rappelle les couples célèbres d'amitié dans les romans épiques : Achille et Patrocle, Roland et Olivier. C'est ce que comprend Pantagruel : « Vous et moi ferons un nouveau couple d'amis, telle que fut entre Énée et Achates. » C'est aussi la version en prose des romans médiévaux versifiés, qui connaissent un vif succès au XVIe siècle. Dès le prologue, le narrateur compare son récit à des romans de chevalerie « dignes de mémoire », authentiques et imaginaires. La construction se fait sur le même modèle, l'enfance est suivie des années d'apprentissage puis d'exploits. Enfin le titre de l'œuvre laisse entendre la vie d'un saint, ou la biographie d'un homme remarquable. Le parcours de Pantagruel imite celui du Pic de la Mirandole. Le narrateur a un rôle ambigu également. Il est à la fois humaniste, fervent défenseur de ces principes, vaniteux et désinvolte. Il n'y a pas d'évolution chez le narrateur, ces deux facettes coexistent. Les bienfaits de son discours sont souvent rapportés sur le ton d'un ivrogne qui insulte ses lecteurs ou s'amuse à leurs dépens. Pantagruel change son statut de sophiste vaniteux pour un statut d'humaniste sage. Mais certains de ses exploits ou de ses actes mettent en évidence sa nature d'ogre, qui « consent » à la cruauté de Panurge envers la « dame de Paris ». Il prend aussi plaisir à la déchéance du roi Anarche orchestrée par Panurge. De même le personnage de Panurge est tantôt cruel, tantôt généreux avec Pantagruel, il est misérable mais intelligent (il ne confond pas les langues latines, grecques ou hébraïques lorsqu'il les parle toutes pour porter un seul message : manger.) La lettre de Gargantua pour Pantagruel est elle aussi très ambiguë parce qu'elle relate un idéal du savoir et le confronte à la réalité : la « vaine gloire ». C'est à travers la figure de l'ironie que se construit cette dimension ambiguë du roman qui oppose discours utopistes et mises en pratique plus réalistes. Par exemple le voyage du narrateur dans la bouche du géant est une digression qui ridiculise et critique ce même défaut des mauvais historiens.

L'ironie est également au service de l'une des fonctions de ce roman rabelaisien : la satire. Le narrateur offre à entendre un discours de la dénonciation. C'est un genre fondé sur la dérision, qui sert à attaquer tout en ridiculisant. Les théologiens scolastiques par exemple sont des « cafards ». Ce sont les ouvrages dans la bibliothèque de l'abbaye de Saint-Victor qui font allusion à ces attaques. La satire repose sur cette dialectique constante dans *Pantagruel* du vrai et du faux, de la fiction et du réel, de l'utile et du divertissant. Le géant d'Angers dans *Pantagruel* est amené à fuir à cause de la peste. L'allusion à cet épisode n'est pas sans un effet de réel, qui permet la suggestion de vices dans l'histoire, comme la vanité des chroniqueurs à vouloir tout rapporter, jusqu'à tomber dans l'excès et le mensonge. Les sophistes sont également la cible des railleries du narrateur (épisode où Thaumaste défie Pantagruel de parler avec des signes). Aux yeux des humanistes, le langage est un don de Dieu, perverti par les sophistes qui adopte une rhétorique inélégante, fondée sur une argumentation stérile et mensongère. C'est la parole qui, alliée à la raison, distingue l'homme de l'animal, et réunit les individus. L'animalité évoquée parfois avec excès montre le manque d' « *humanitas* », c'est-à-dire selon les préceptes de Cicéron, de dignité, de culture, et de sociabilité. Pantagruel et Thaumaste choisissent de communiquer par signes pour s'opposer à la parole des sophistes.

Pantagruel soulève de nouvelles idées sur l'éducation, la religion, la société et sous-entend les problèmes du mal et de la présence du Diable. C'est le rôle de Panurge qui se lit comme le pendant plus sournois de Pantagruel, son côté maléfique. Mais c'est à travers la parole qu'il marque son rôle. Le thème de l'incommunicabilité entre les hommes est récurrent dans le roman. La rencontre de Pantagruel avec le limousin illustre ce problème : l'écolier limousin méprise « l'usage de la langue courante » et adopte un langage latinisant, pédant et incompréhensible. À la suite de cette rencontre, Pantagruel est confronté à Panurge qui superpose quatorze langues et ne se fait comprendre qu'à la fin du chapitre. L'affaire Baisecul et Humevesne aboutit à un procès dont le langage est burlesque et obscur. L'assistance s'exclame : « Nous avons véritablement entendu, mais nous n'avons pas compris, au diable, la cause. » L'interjection comique « au diable » montre que l'absence de communication entre les hommes les désunit et laisse une ouverture au mal. C'est ainsi que se conclut le roman. Le narrateur constate avec amertume « que la moitié du monde ne sait comment l'autre vit ». Le narrateur déplore de façon implicite l'absence d'une langue commune à tous comme à l'origine de la Genèse. Panurge symbolise cette multiplicité du savoir. Il rappelle le péché des hommes qui ont tenté de s'élever à la hauteur de Dieu, qui les punit en détruisant la tour qu'ils avaient construit et multiplie leur langue de sorte qu'ils ne s'entendent plus entre eux. Cette tour est appelée la tour de Babel. Pantagruel est confronté à ce babélisme qui inscrit une Faute dans l'histoire des hommes. Le héros est situé par rapport au péché, péché constamment rappelé par Panurge, personnage le plus ambivalent du roman.

Panurge est donc un personnage essentiel dans *Pantagruel*, porteur de la Faute et du péché. Pantagruel le rencontre après la lettre de son père qui le met en garde contre la vanité (« vaine gloire »). Pantagruel prenait une mauvaise pente et c'est sa confrontation avec Panurge qui lui redonne son rôle de héros et l'amène du côté de la sagesse. Il symbolise un des thèmes du roman : la ruse. Panurge met en place des stratagèmes. C'est ainsi qu'il remporte la joute avec Thaumaste. Avant d'attaquer les troupes du tyran Anarche, chacun des compagnons d'armes de Pantagruel vantent ses qualités au combat. Épistémon déclare connaître « tous les actes de guerre et prouesses des vaillants capitaines et champions », Carpalim se caractérise par sa très grande vitesse et son agilité. Panurge quant à lui est le plus subtil, le plus discret et peut ainsi infiltrer le camp ennemi « sans jamais être découvert ». Panurge se réclame de l'ascendance d'Ulysse, et dont le nom signifie en grec « apte à tout ». Le *panourgos* est le type même du rusé. Il va au secours de Pantagruel et met à son service ses méthodes ingénieuses. Il aide le géant à débattre contre Thaumaste, à déchiffrer la lettre d'une « dame de Paris », à affronter les géants d'Anarche, à guérir Épistémon. Mais parallèlement il est fourbe (il pille les troncs des églises, et commet « mille petites diableries »). Panurge, associé à Pantagruel (charitable et humaniste), concentre les traits positifs et les traits négatifs de la ruse : la force, le sens du devoir, mais aussi la stratégie, et la dissimulation pour tromper l'ennemi. Panurge n'hésite pas à punir le mal par le mal (épisode de déchéance du roi Anarche, ou encore la punition de la dame parisienne qui refuse ses avances par hypocrisie).

Pantagruel partage avec Panurge la soif, tantôt pour célébrer un événement joyeux (il boit beaucoup de lait à sa naissance), tantôt pour punir l'ennemi (Panurge lui propose de boire beaucoup de vin pendant la guerre contre les Dipsodes, ce qui provoque un Déluge par la suite). Boire est un acte interprétatif dans *Pantagruel*. On y trouve l'esprit de charité, ils boivent ensemble le vin, allusion à une communion spirituelle. De même, avant le combat contre la tyrannie, Pantagruel boit du vin avec ses « apôtres » et figurent un idéal de fraternité. De même l'abondance de la nourriture est investie d'une valeur positive puisqu'elle unit les convives. La goinfrerie en revanche est associée à des personnages négatifs, elle illustre les dangers de la démesure. La mère de Pantagruel meurt d'avoir trop mangé. De même, les troupes d'Anarche sont dévastées par leur ivrognerie. Le désordre et la démesure sont antinomiques avec la discipline des « pantagruélistes » victorieux.

ÉTUDE DU MOUVEMENT LITTÉRAIRE

Rabelais est un écrivain de la Renaissance. On appelle Renaissance le mouvement artistique, littéraire et philosophique né en Italie au XIVe siècle et répandu en Europe entre les XVe et XVIe siècle. Cette période se caractérise par un retour à l'Antiquité, aux textes grecs, latins ou hébraïques. Rabelais édite des textes des médecins grecs Hippocrate et Galien qu'il traduit. Gargantua, dans une lettre à son fils Pantagruel, vante ce nouvel esprit : « Maintenant toutes les disciplines sont restituées, les langues établies. Le Grec, sans lequel c'est une honte de se dire savant, l'hébreu, le chaldéen, le latin. […] Si bien qu'à mon âge j'ai été obligé d'apprendre le grec, […] et volontiers je me délecte à lire les Traités Moraux de Plutarque, les beaux dialogues de Platon. » Pour l'apprentissage de ces langues fondamentales François Ier crée une « noble et trilingue académie », le Collège des lecteurs royaux, devenu aujourd'hui les Collège de France. Ce n'est pas tant le recours à la pensée antique qui change mais la manière d'y recourir et de la considérer. L'architecture s'enthousiasme pour l'art gréco-romain. Dans le monde littéraire c'est Pétrarque puis Boccace qui participent aux révolutions de la Renaissance. Ces deux érudits ont l'un et l'autre recours à la langue vulgaire (*Decameron* de Boccace par exemple) et ne se contentent pas d'une œuvre philologique et savante. La Renaissance installe aussi un nouvel art de vivre que les Français découvrent dans les cours italiennes. Entre 1532 et 1535 Rabelais voyage en Italie, période du *Pantagruel* et de *Gargantua*. Rabelais montre que la gauloiserie du français distingue la Renaissance française de son modèle italien. Mais la part de condamnation des guerres, le goût des utopies, de l'élégance, de la politesse et de l'harmonie qui président à la vie des Thélémites, apparaissent dans ses œuvres et font de lui un homme de la Renaissance. Il emprunte à sa culture médiéviste pour défendre une nouvelle érudition, il devient humaniste.

L'humanisme désigne le mouvement qui a pris naissance à la fin du XVe siècle en réaction contre le Moyen-Âge réputé barbare et obscur, pour lui donner une nouvelle lumière. *Humanitas* désigne chez les écrivains latins une culture classique et les principes moraux qu'elle implique. Allier une culture intellectuelle à un idéal moral a longtemps été une forme d'humanisme. Les humanistes du XVIe siècle sont bel et bien des humanistes au sens général du terme puisqu'ils reprennent les pensées de la philosophie antique, celle des Anciens. Ils font une nouvelle lecture des textes anciens, plus laïque. Ce qui intéresse les humanistes ce n'est plus Dieu mais l'homme physique et moral tel qu'il peut s'épanouir en société. L'homme et Dieu se retrouvent associés pour le déroulement d'une vie. Les esquisses anatomiques de Rabelais, et les fonctions corporelles mises en évidence marquent cette libération de l'homme d'une volonté divine. L'homme retrouve son autonomie de jugement et son rôle à jouer dans l'organisation de la société. Une telle place de l'homme bouleverse son rapport à Dieu et à la foi. En effet la culture antique éminemment païenne est à concilier avec la foi chrétienne et catholique. C'est toute la difficulté. Rabelais s'inscrit dans cette période de crise religieuse. Rabelais met en scène la part active de l'homme pour son salut. C'est cette nouvelle volonté qui fait que Frère Jean dans *Gargantua* se sert de sa croix comme arme pour protéger ses réserves de vin qui participent de son plaisir de vie. De même Gargantua renonce à ses études pour aller secourir son père. Rabelais présente les hommes artisans de leur propre destinée. La confiance que l'homme a en lui-même à la Renaissance ne va pas sans excès. Les humanistes se signalent par leur impatience et leur démesure. L'exubérance est cristallisée par le thème du gigantisme.

Si Rabelais exalte constamment la nature et la vie en réaction violente contre le monde fermé du Moyen-âge, il ne faut pas s'étonner qu'au langage vide et mort des institutions médiévales il ait opposé la profusion, la richesse et la variété de sa propre langue. C'est de cela que notre vocabulaire, aujourd'hui encore garde le souvenir : l'adjectif « rabelaisien » désigne l'abondance et le renouvellement incessant des phrases et des mots, de la truculence. Une fantaisie rayonnante se dégage de son œuvre à travers l'invention verbale qui lui est propre. Il assemble et combine les mots, parfois il en invente la matière sonore (les sons de la langue), ce qui est pour lui une grande source de création. Rabelais nourrit la dimension ludique du texte à travers un jeu de syllabes qu'il déplace ou fait disparaître. L'exagération et l'allégorie par exemple sont deux procédés inspirés du Moyen-Âge mais dont Rabelais rend toute la mesure comique (les « Andouilles » dans le *Quart Livre*). Gargantua et Pantagruel protègent de la pluie toute une armée avec leur langue, ou encore suspendent les cloches de Notre-Dame au cou d'une jument. Ce sont autant de procédés à effet comique qui exaltent les principes rabelaisiens de la Renaissance.

DANS LA MÊME COLLECTION
(par ordre alphabétique)

- **Anonyme**, *La Farce de Maître Pathelin*
- **Anouilh**, *Antigone*
- **Aragon**, *Aurélien*
- **Aragon**, *Le Paysan de Paris*
- **Austen**, *Raison et Sentiments*
- **Balzac**, *Illusions perdues*
- **Balzac**, *La Femme de trente ans*
- **Balzac**, *Le Colonel Chabert*
- **Balzac**, *Le Lys dans la vallée*
- **Balzac**, *Le Père Goriot*
- **Barbey d'Aurevilly**, *L'Ensorcelée*
- **Barbey d'Aurevilly**, *Les Diaboliques*
- **Bataille**, *Ma mère*
- **Baudelaire**, *Les Fleurs du Mal*
- **Baudelaire**, *Petits poèmes en prose*
- **Beaumarchais**, *Le Barbier de Séville*
- **Beaumarchais**, *Le Mariage de Figaro*
- **Beauvoir**, *Mémoires d'une jeune fille rangée*
- **Beckett**, *En attendant Godot*
- **Beckett**, *Fin de partie*
- **Brecht**, *La Noce*
- **Brecht**, *La Résistible ascension d'Arturo Ui*
- **Brecht**, *Mère Courage et ses enfants*
- **Breton**, *Nadja*
- **Brontë**, *Jane Eyre*
- **Camus**, *L'Étranger*
- **Carroll**, *Alice au pays des merveilles*
- **Céline**, *Mort à crédit*

- **Céline**, *Voyage au bout de la nuit*
- **Chateaubriand**, *Atala*
- **Chateaubriand**, *René*
- **Chrétien de Troyes**, *Perceval*
- **Cocteau**, *La Machine infernale*
- **Cocteau**, *Les Enfants terribles*
- **Colette**, *Le Blé en herbe*
- **Corneille**, *Le Cid*
- **Crébillon fils**, *Les Égarements du cœur et de l'esprit*
- **Defoe**, *Robinson Crusoé*
- **Dickens**, *Oliver Twist*
- **Du Bellay**, *Les Regrets*
- **Dumas**, *Henri III et sa cour*
- **Duras**, *L'Amant*
- **Duras**, *La Pluie d'été*
- **Duras**, *Un barrage contre le Pacifique*
- **Flaubert**, *Bouvard et Pécuchet*
- **Flaubert**, *L'Éducation sentimentale*
- **Flaubert**, *Madame Bovary*
- **Flaubert**, *Salammbô*
- **Gary**, *La Vie devant soi*
- **Giraudoux**, *Électre*
- **Giraudoux**, *La Guerre de Troie n'aura pas lieu*
- **Gogol**, *Le Mariage*
- **Homère**, *L'Odyssée*
- **Hugo**, *Hernani*
- **Hugo**, *Les Misérables*
- **Hugo**, *Notre-Dame de Paris*
- **Huxley**, *Le Meilleur des mondes*
- **Jaccottet**, *À la lumière d'hiver*
- **James**, *Une vie à Londres*
- **Jarry**, *Ubu roi*
- **Kafka**, *La Métamorphose*

- **Kerouac**, *Sur la route*
- **Kessel**, *Le Lion*
- **La Fayette**, *La Princesse de Clèves*
- **Le Clézio**, *Mondo et autres histoires*
- **Levi**, *Si c'est un homme*
- **London**, *Croc-Blanc*
- **London**, *L'Appel de la forêt*
- **Maupassant**, *Boule de suif*
- **Maupassant**, *Le Horla*
- **Maupassant**, *Une vie*
- **Molière**, *Amphitryon*
- **Molière**, *Dom Juan*
- **Molière**, *L'Avare*
- **Molière**, *Le Malade imaginaire*
- **Molière**, *Le Tartuffe*
- **Molière**, *Les Fourberies de Scapin*
- **Musset**, *Les Caprices de Marianne*
- **Musset**, *Lorenzaccio*
- **Musset**, *On ne badine pas avec l'amour*
- **Perec**, *La Disparition*
- **Perec**, *Les Choses*
- **Perrault**, *Contes*
- **Prévert**, *Paroles*
- **Prévost**, *Manon Lescaut*
- **Proust**, *À l'ombre des jeunes filles en fleurs*
- **Proust**, *Albertine disparue*
- **Proust**, *Du côté de chez Swann*
- **Proust**, *Le Côté de Guermantes*
- **Proust**, *Le Temps retrouvé*
- **Proust**, *Sodome et Gomorrhe*
- **Proust**, *Un amour de Swann*
- **Queneau**, *Exercices de style*
- **Quignard**, *Tous les matins du monde*

- **Rabelais**, *Gargantua*
- **Racine**, *Andromaque*
- **Racine**, *Bérénice*
- **Racine**, *Britannicus*
- **Racine**, *Phèdre*
- **Renard**, *Poil de carotte*
- **Rimbaud**, *Une saison en enfer*
- **Sagan**, *Bonjour tristesse*
- **Saint-Exupéry**, *Le Petit Prince*
- **Sarraute**, *Enfance*
- **Sarraute**, *Tropismes*
- **Sartre**, *Huis clos*
- **Sartre**, *La Nausée*
- **Senghor**, *La Belle histoire de Leuk-le-lièvre*
- **Shakespeare**, *Roméo et Juliette*
- **Steinbeck**, *Les Raisins de la colère*
- **Stendhal**, *La Chartreuse de Parme*
- **Stendhal**, *Le Rouge et le Noir*
- **Verlaine**, *Romances sans paroles*
- **Verne**, *Une ville flottante*
- **Verne**, *Voyage au centre de la Terre*
- **Vian**, *J'irai cracher sur vos tombes*
- **Vian**, *L'Arrache-cœur*
- **Vian**, *L'Écume des jours*
- **Voltaire**, *Candide*
- **Voltaire**, *Micromégas*
- **Zola**, *Au Bonheur des Dames*
- **Zola**, *Germinal*
- **Zola**, *L'Argent*
- **Zola**, *L'Assommoir*
- **Zola**, *La Bête humaine*
- **Zola**, *Nana*
- **Zola**, *Pot-Bouille*